Grundschule

Gabriela Rosenwald

Lapbook

Planeten & Sterne

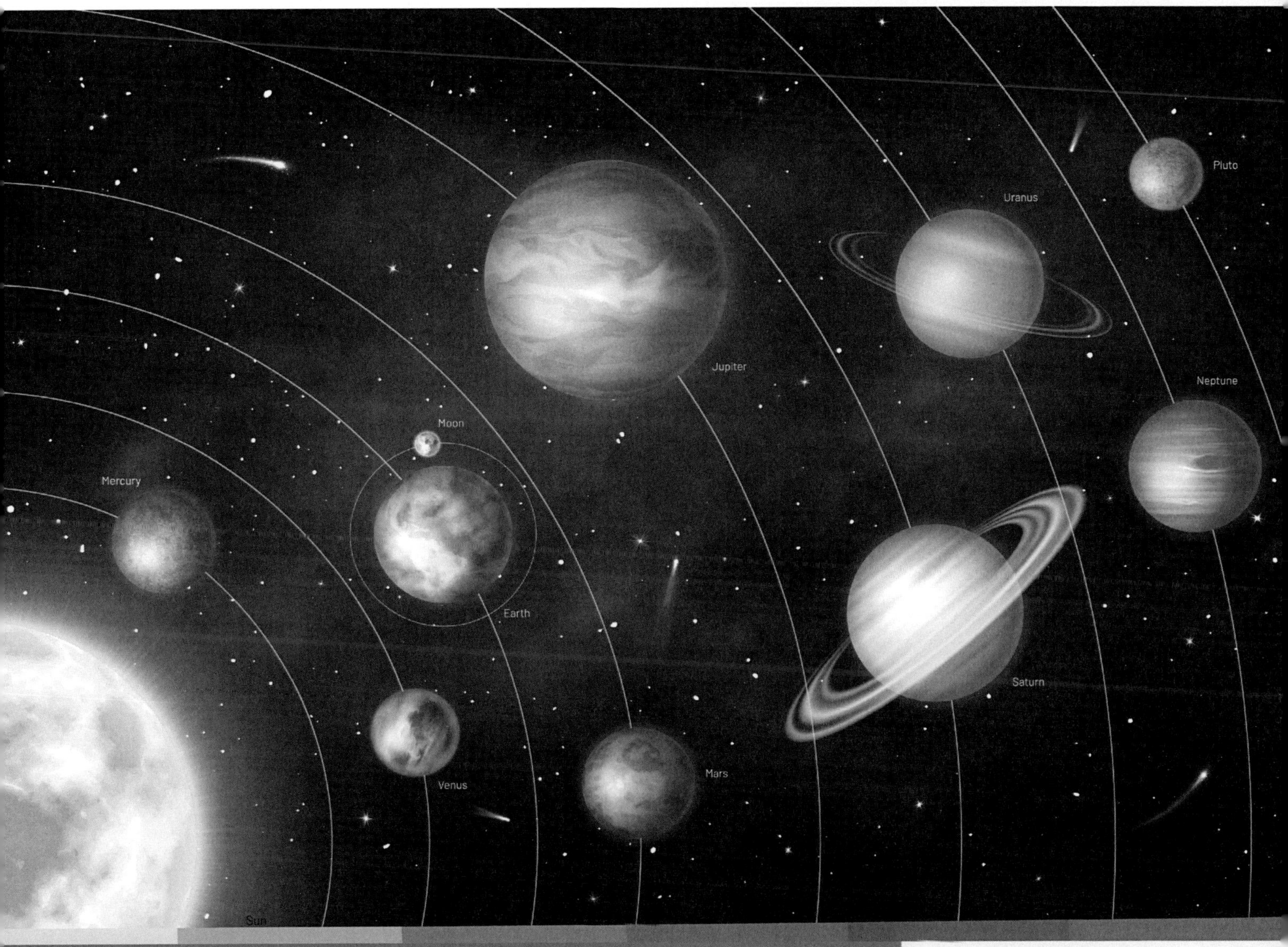

Unser Sonnensystem kreativ erarbeiten

Lapbook Planeten & Sterne

Unser Sonnensystem kreativ erarbeiten

2. Auflage 2026

Idee und Text: Gabriela Rosenwald
Coverbilder: © Sunflower – AdobeStock.com
Redaktion: Kohl-Verlag
Grafik & Satz: Tatjana Wörner & Kohl-Verlag
Druck: farbo prepress GmbH, Köln

Bestell-Nr. 13 113

ISBN: 978-3-98841-209-6

Bildquellen: © AdobeStock.com

S. 2: Africa Studio; **S. 3:** Mari Ka; **S. 5:** godesignz; **S. 7:** kichigin19; **S. 8:** Siberian Art; **S. 9:** muratart, Beniamin, Sunflower; **S. 10-30:** Iuliia; **S. 10:** vista, Tanja Bagusat, Andrew; **S. 11:** WithanTor, idesign2000, alones, Mopic; **S. 12:** Volkan, Suleyman, DENYS; **S. 13:** LuckySoul; **S. 15:** pict rider, Peter Jurik, BlueBee, Daniel Schmid, Olesia_g; **S. 19:** lil_22; **S. 20:** Martin; **S. 21:** shintako; **S. 22:** Domingo, vanillya, FrameAngel, Claudio Divizia; S. 23: Claudio Divizia; **S. 24:** Inna; **S. 25:** Svetlana, Erik Nurshin; **S. 27:** Kaesler Media, wasan; **S. 29:** Graphic&Illustration, desidesidesi, wasan; **S. 30:** blueringmedia; **S. 31:** 3000 ad, ribelco

Bildquellen: © Gabriela Rosenwald

S. 20: Gabriela Rosenwald

Bildquellen: © wikipedia.com

S. 22: NASA/Neil A. Armstrong; **S. 26:** Tttrung (2x)

Kontakt: Kohl-Verlag, An der Brennerei 37-45, 50170 Kerpen
Tel. +49 2275 331610, Mail: info@kohlverlag.de

Inhalt

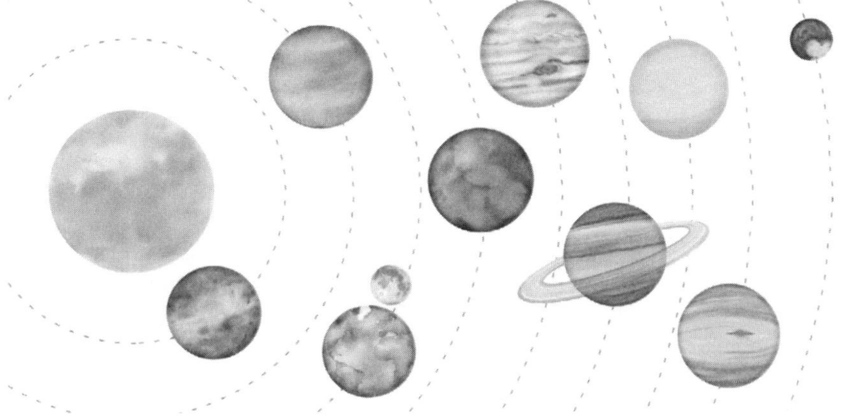

Lapbook Planeten & Sterne
Unser Sonnensystem kreativ erarbeiten – Bestell-Nr. 13 113
KOHL VERLAG

Vorwort

Das Arbeitsheft ist vorgesehen zum Einsatz in der Grundschule. Die Arbeitsblätter enthalten ein Lapbook als Bastelvorlage zum Thema „Weltraum – Sonne, Mond und Sterne".

In diesem Lapbook wird der Weltraum kurzweilig „erarbeitet". Die Schüler/innen beschäftigen sich dabei kreativ und verinnerlichen gleichzeitig das aufgearbeitete und illustrierte Grundwissen. Am Ende halten sie ein spannendes, informatives und übersichtliches Klappbuch in den Händen. Durch aktives Tun prägt sich der Lernstoff nachhaltiger ein. Die Kinder haben viel Spaß an der Arbeit!

Doch was ist ein Lapbook eigentlich?

Ein Lapbook wird meist aus einem Fotokarton oder Tonkarton hergestellt, der auf unterschiedliche Weise gefaltet und eingeschnitten werden kann. In einem solchen Lapbook können mit Hilfe von Faltbüchern, Leporellos, Minibüchern und verschiedenen Faltformen auf engem Raum viele Aussagen angeordnet werden.

Viel Freude und Erfolg mit diesen Seiten wünschen der Kohl-Verlag und

Gabriela Rosenwald

Und so kann es aussehen:

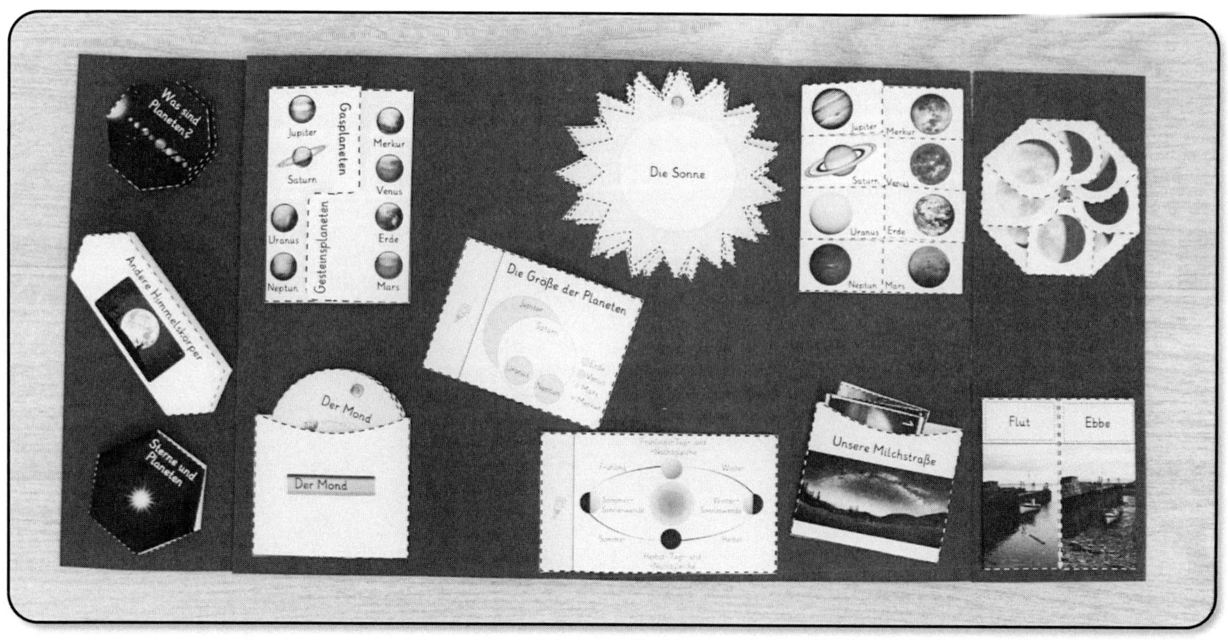

Materialliste, Lapbook basteln

Was brauchst du für 1 Lapbook?

- Schere, für runde Formen evtl. eine Nagelschere
- Klebstoff
- 1 Papiermappe oder 1 buntes DIN A3 Papier
- Verschiedene Stifte, z. B. Bunt-, Faser-, Wachsmalstifte (+ weißer Stift)
- Büroklammern
- 1 Klarsichthülle (um angefangene Papierteile sicher aufzubewahren)
- Sticker, Stanzteile, Bilder ... alles, was zum jeweiligen Thema passt, zum Verzieren

So gestaltest du dein Lapbook

1. Variante

- Suche dir einen farbigen Fotokarton in der Größe DIN A3.
- Falte den Karton in der Mitte und klappe ihn wieder auseinander.
- Schon hast du ein Lapbook! Du kannst nun das Titelbild aufkleben und den Inhalt gestalten und einkleben. Überlege gut, bevor du den Innenteil befestigst.

2. Variante

- Nimm wieder einen farbigen Fotokarton (DIN A3).
- Falte den Karton in der Mitte und klappe ihn wieder auseinander.
- Falte nun die beiden äußeren Teile noch einmal zur Mitte. Nun sind 3 Knicke entstanden.
- Du kannst jetzt ein farbiges DIN A4 Blatt in die Mitte kleben. Dann klappst du die Seitenteile zu. Dein Lapbook ist fertig!
- Das Titelbild teilst du in der Mitte und klebst es auf.

Lapbook Planeten & Sterne
Unser Sonnensystem kreativ erarbeiten – Bestell-Nr. 13 113

Lapbook Variationen

Und wenn der Platz nicht reicht, weil du noch mehr erfahren hast oder einige Bilder einfügen möchtest: Dann wird dein Lapbook einfach erweitert!

Du kannst oben und unten, rechts und links weitere Klappen ankleben. Am besten klebst du die Klappen mit einem breiten Klebestreifen fest.

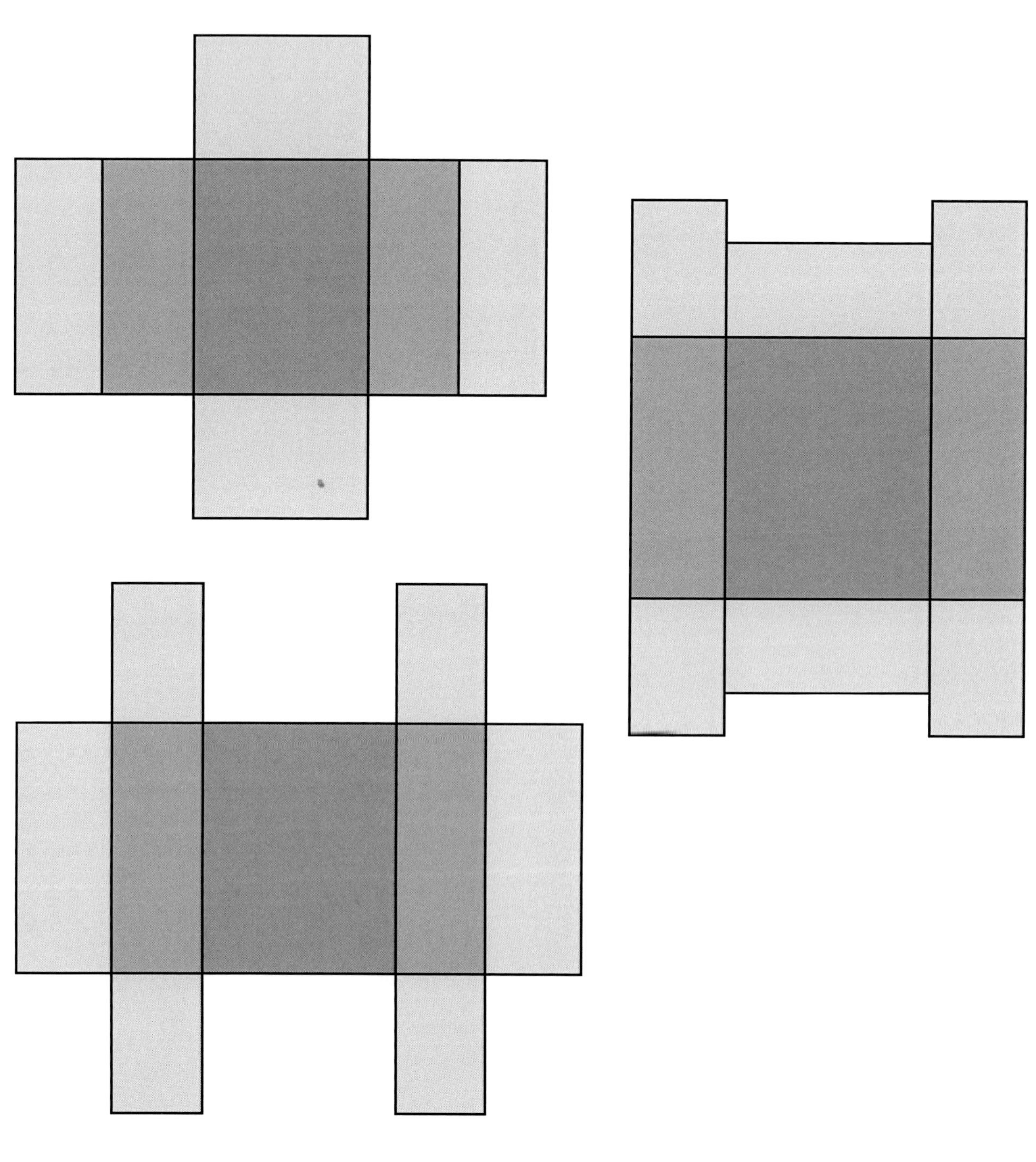

Arbeitspass

Name: ______________________________

Klasse: _____________

Seite	Thema	begonnen	erledigt

Mein Lapbook

Sonne, Mond und Sterne

Name: ______________________________

KOHL VERLAG
Lapbook Planeten & Sterne
Unser Sonnensystem kreativ erarbeiten – Bestell-Nr. 13 113

Unsere Milchstraße

Ergänze die Texte. Schneide die Kärtchen aus. Klebe sie auf die richtigen Bilder auf der nächsten Seite. Schneide diese auch aus und verwahre sie in dem Mäppchen.

1. Die Milchstraße ist eine riesige Ansammlung von _____________, Planeten, Gas, Staub und anderen Himmelskörpern. Da befinden sich auch unser Sonnensystem und die __________.

2. Entstanden ist das Sonnensystem vor etwa 4,6 Milliarden Jahren aus einer gewaltigen Gas- und ____________________. Aus einem Teil dieser Gaswolke wurde dabei unsere _________.

3. Die Sonne wird von ____________ und Himmelskörpern umkreist. Dazu zählen die Monde der Planeten, Zwergplaneten, Meteoriden, Asteroiden, ___________ und eine Menge Staub und Gas.

4. Aus dem restlichen _________, das um die Sonne herum wirbelte und kreiste, entstanden die weiteren Planeten sowie deren ______________.

5. In der Milchstraße befinden sich ____________________ von Sternen. Sie ist riesig. Manchmal kann man sie am ______________ als helles Band sehen.

KOHL VERLAG Lapbook Planeten & Sterne
Unser Sonnensystem kreativ erarbeiten – Bestell-Nr. 13 113

Unsere Milchstraße

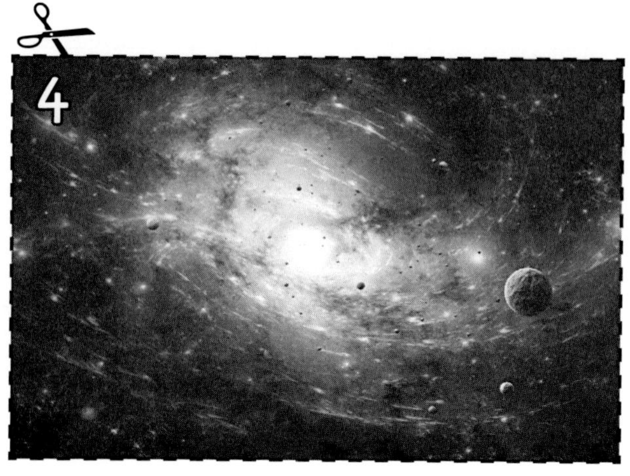

Klebelasche

Hier an das Lapbook ankleben.

Klebelasche

Lösungen:
1. Sternen, Erde
2. Staubwolke, Sonne
3. Planeten, Kometen
4. Gas, Monde
5. Milliarden, Himmel

KOHL VERLAG
Lapbook Planeten & Sterne
Unser Sonnensystem kreativ erarbeiten – Bestell-Nr. 13 113

Was sind denn nun Planeten?

Schneide die Form und die Kärtchen unten aus. Klebe die Texte passend hinter die Bilder. Knicke die Form an den durchgezogenen Linien nach hinten, falte sie und klebe sie in dein Lapbook.

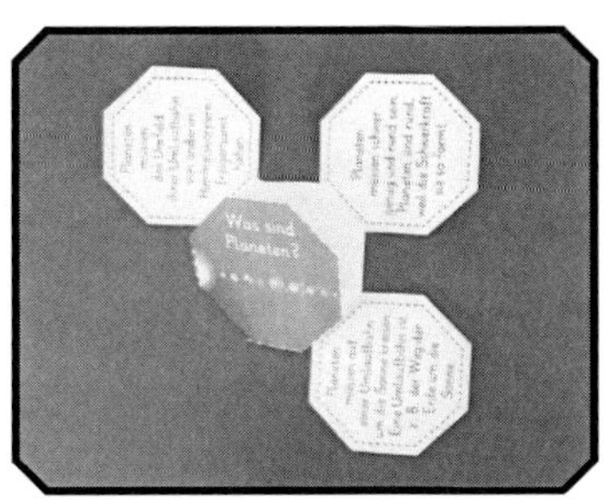

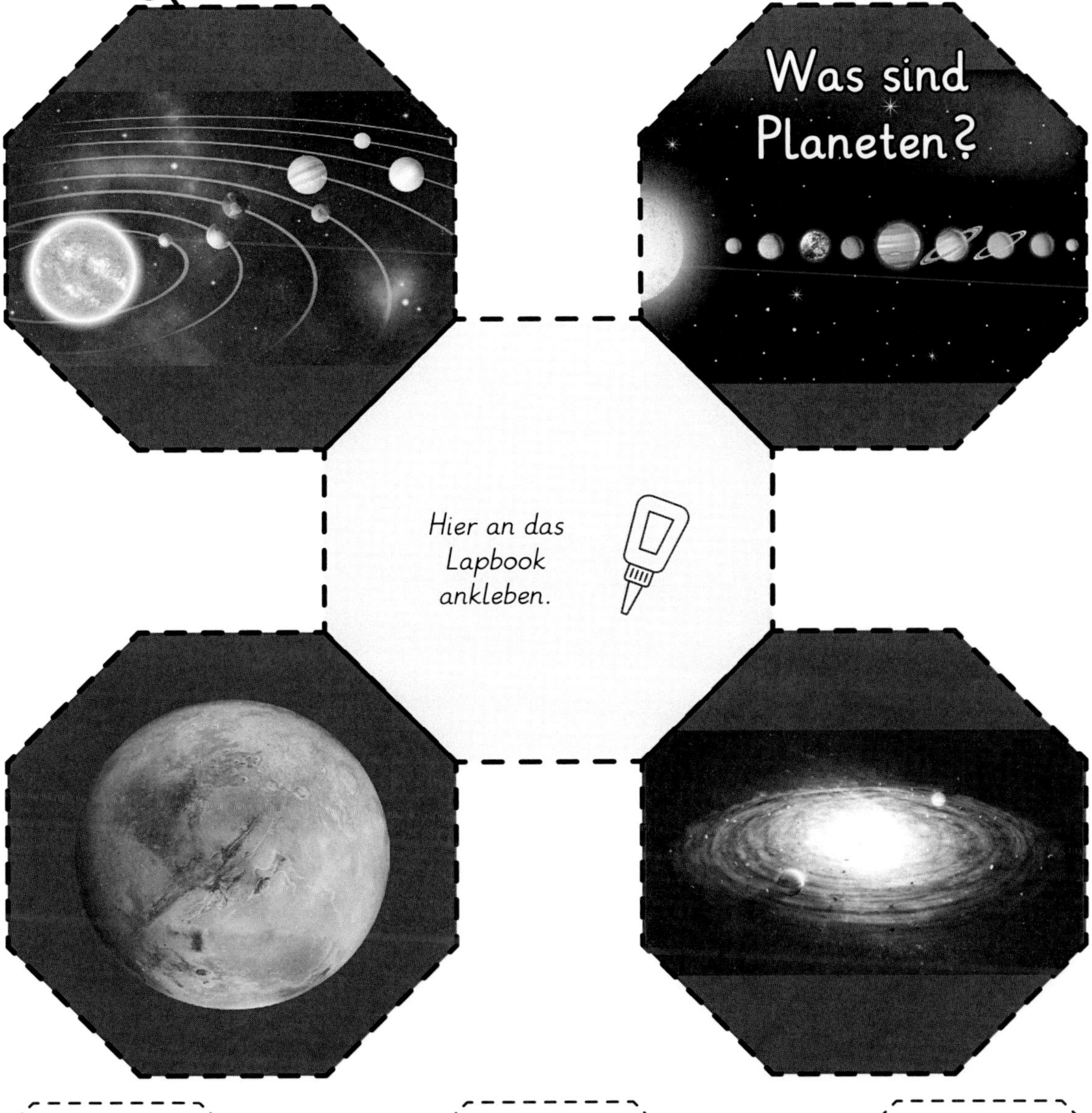

Was sind Planeten?

Hier an das Lapbook ankleben.

Planeten müssen das Umfeld ihrer Umlaufbahn von anderen Himmelskörpern freigeräumt haben.

Planeten müssen auf einer Umlaufbahn um die Sonne kreisen. Eine Umlaufbahn ist z. B. der Weg der Erde um die Sonne.

Planeten müssen schwer genug und rund sein. Planeten sind rund, weil die Schwerkraft sie so formt.

KOHL VERLAG Lapbook Planeten & Sterne Unser Sonnensystem kreativ erarbeiten – Bestell-Nr. 13 113

Unterschied zwischen Sternen (Sonnen) und Planeten

Schneide die Form und die 3 Texte aus. Klebe die Texte hinter die richtigen Bilder. Falte die Form wie angegeben und klebe sie in dein Lapbook.

Linie nach vorne knicken

Hier an das Lapbook ankleben.

Linie nach hinten knicken

Sterne und Planeten

Linie nach vorne knicken

Der wichtigste Unterschied: Ein Stern leuchtet von selbst, ein Planet nicht.

Sterne haben in ihrem Inneren eine Energiequelle, so dass sie heiß glühen und Licht ausstrahlen.

Ein Planet dagegen ist kalt und leuchtet nicht von alleine. Wir können ihn nur sehen, wenn er von einem Stern angeleuchtet wird.

Die Größe der Planeten

Schneide die Kärtchen aus. Ergänze den Text und hefte sie an der grauen Markierung zusammen. Klebe das Heftchen in dein Lapbook.

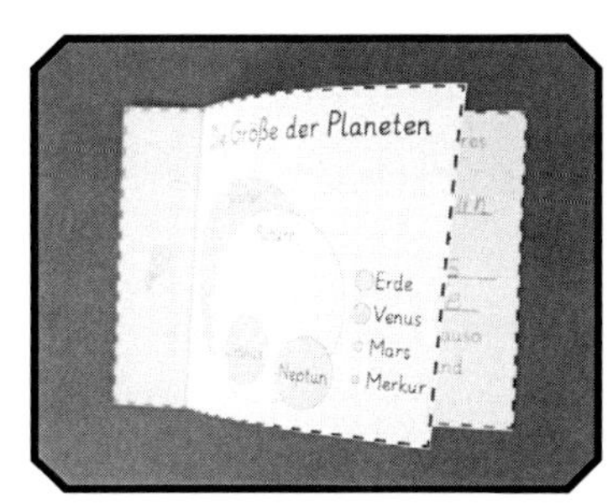

Die Größe der Planeten

Jupiter
Saturn
Uranus
Neptun
Erde
Venus
Mars
Merkur

Die größten Planeten unseres Sonnensystems sind

____________ und ____________.

Die kleinsten heißen

____________ und ____________.

Die Venus und die ____________ sind fast gleich groß, genauso wie ____________ und

____________.

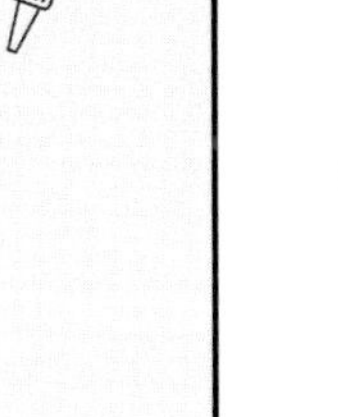

Lösungen:
Jupiter und Saturn, Merkur und Mars, Erde, Neptun und Uranus.

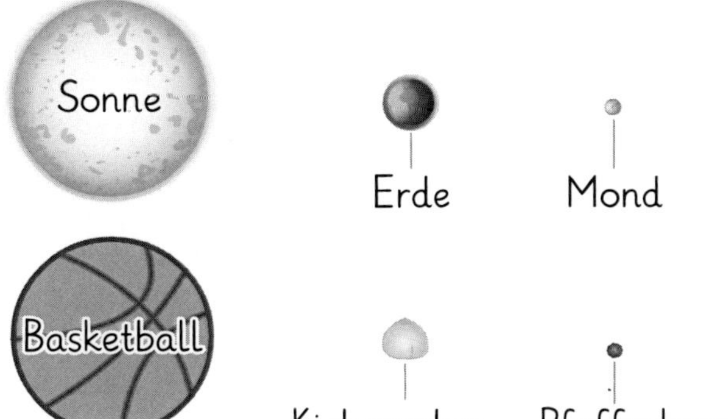

KOHL VERLAG
Lapbook Planeten & Sterne
Unser Sonnensystem kreativ erarbeiten – Bestell-Nr. 13 113

Andere Himmelskörper

Neben den Planeten sind auch andere Himmelskörper im Sonnensystem vorhanden. Darunter zählen Monde, Kometen, Asteroiden und Meteoriten sowie Zwergplaneten.

Monde, auch Satelliten genannt, kreisen im Gegensatz zu Planeten nicht um Sterne (bzw. Sonnen), sondern um Planeten. Sie sind deutlich kleiner als der Planet, um den sie sich bewegen.

Dazu gibt es noch **Zwergplaneten** wie Pluto oder Ceres. Die sind so ähnlich wie kleine Planeten, aber sie teilen sich ihre Umlaufbahn noch mit anderen Himmelskörpern.

Der **Asteroidengürtel** liegt zwischen den Umlaufbahnen von Mars und Jupiter. Dort haben sich besonders viel Asteroiden (kleine Felsbrocken) angesammelt, die aber alle kleiner als Planeten sind.

Ein **Komet** ist ein Brocken im Weltall. Er ist viel kleiner als ein Planet, umrundet aber meist ebenfalls die Sonne. Der Schweif des Kometen entsteht durch die Teilchen, die von der Sonne ausgestoßen werden.

Schneide die Kärtchen unten und die Form auf der nächsten Seite aus. Klebe die Texte auf die Rückseite des Pfeils. Falte ihn, so dass das Feld „Andere Himmelskörper" oben zu sehen ist. Klebe ihn in dein Lapbook.

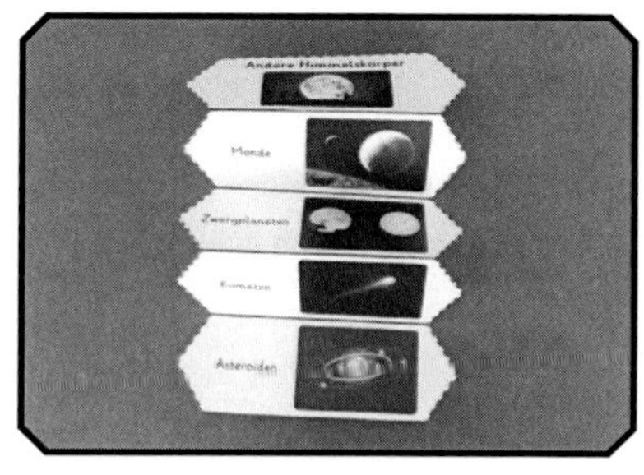

Ein **Mond** ist ein natürlicher Satellit. Ein solcher Begleiter kreist um einen Planeten. Auch andere Planeten als die Erde haben Monde.

Kometen sind Himmelskörper, die die Sonne umkreisen. Sie bestehen aus Wassereis, gefrorenen Gasen und Staub.

Asteroiden sind kleine Felsbrocken, die sich um die Sonne bewegen. Der Asteroidengürtel liegt zwischen Mars und Jupiter.

Zwergplaneten sind den Planeten ähnlich. Aber sie sind zu klein, um ihre Umlaufbahn von anderen Himmelskörpern „aufzuräumen".

KOHL VERLAG Lapbook Planeten & Sterne – Unser Sonnensystem kreativ erarbeiten – Bestell-Nr. 13 113

Andere Himmelskörper

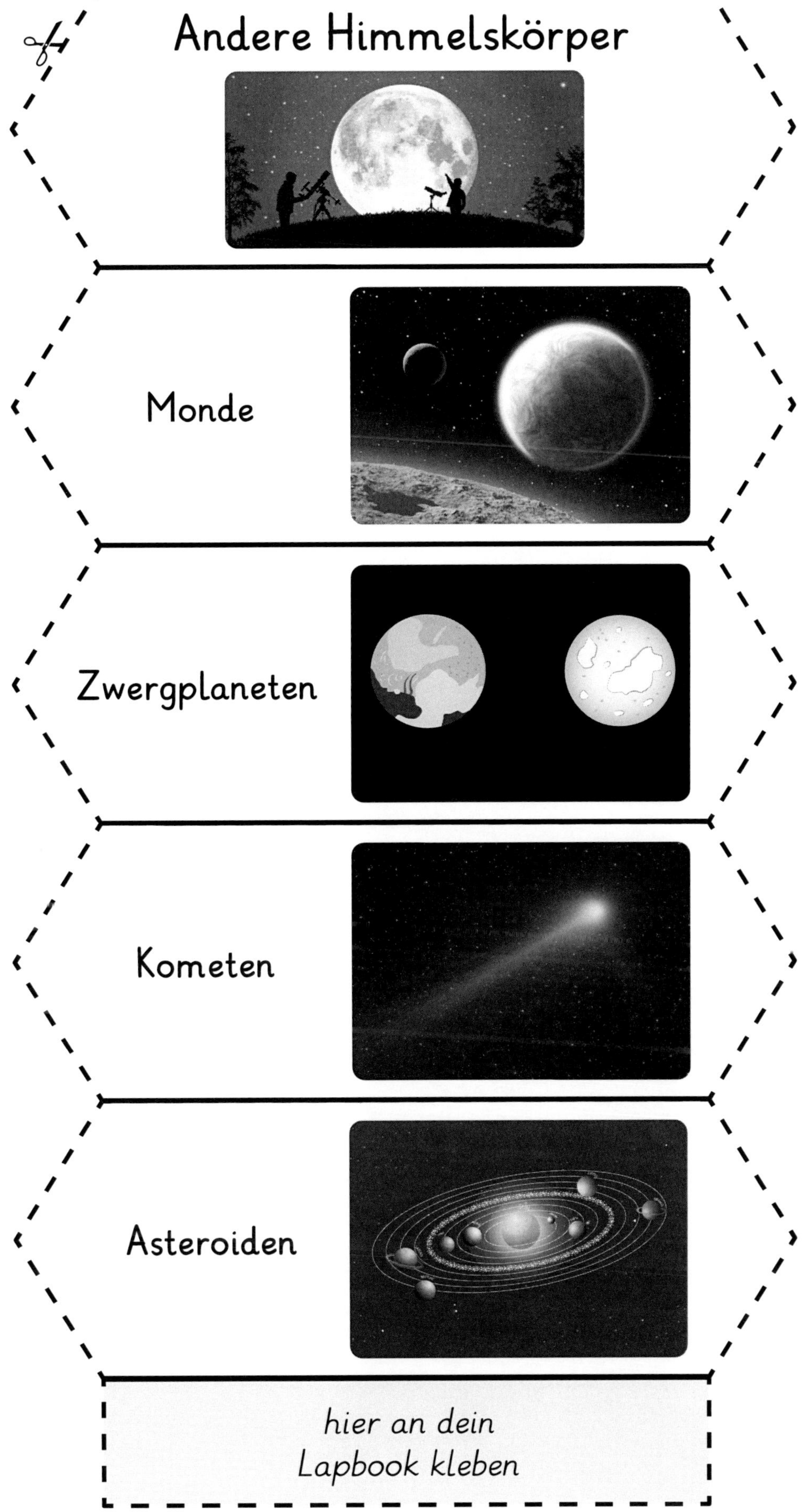

Die Sonne

Die Sonne ist ein riesiger Gasball, der aus einer Gas- und Staubwolke entstanden ist. Im Inneren der Sonne schmilzt Wasserstoff zu Helium. Dadurch wird eine gewaltige Menge Energie in Form von Licht und Wärme frei. Auf der Sonnenoberfläche herrschen etwa 5.500 Grad Celsius. Im Inneren ist es aber mit bis zu 15 Millionen Grad noch viel heißer.

Schneide die Sonnen aus. Ergänze die Texte. Hefte die Sonnen an den Markierungen zusammen. Die Rückseite der letzten Sonne klebst du in dein Lapbook.

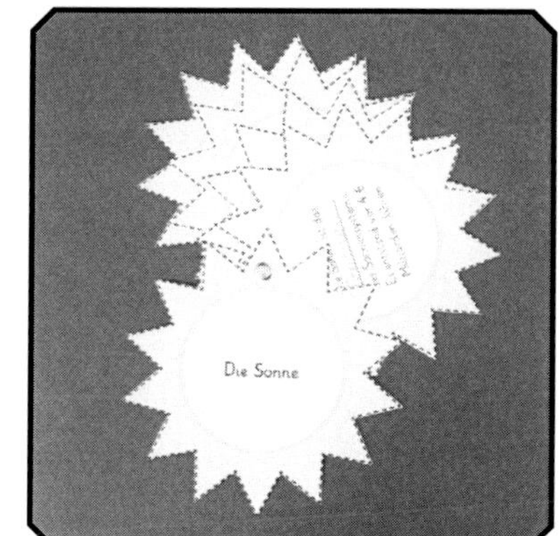

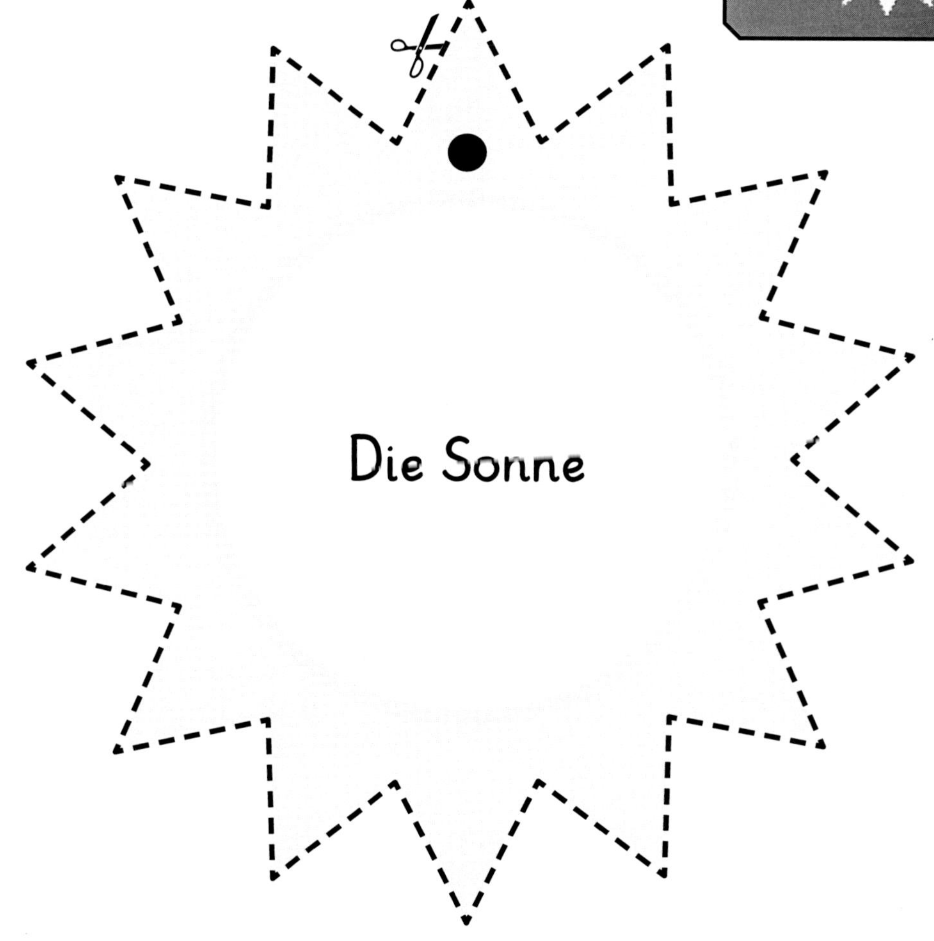

KOHL VERLAG
Lapbook Planeten & Sterne
Unser Sonnensystem kreativ erarbeiten – Bestell-Nr. 13 113

Die Sonne

Die Sonne ist das

____

des Sonnensystems.
Es entstand vor 4,6
Milliarden Jahren.

Die Sonne ist der
Stern, der der Erde
am ________________
ist. Ohne Sonne könnten
wir auf der Erde nicht
leben.

KOHL VERLAG Lapbook Planeten & Sterne
Unser Sonnensystem kreativ erarbeiten – Bestell-Nr. 13 113

Die Sonne

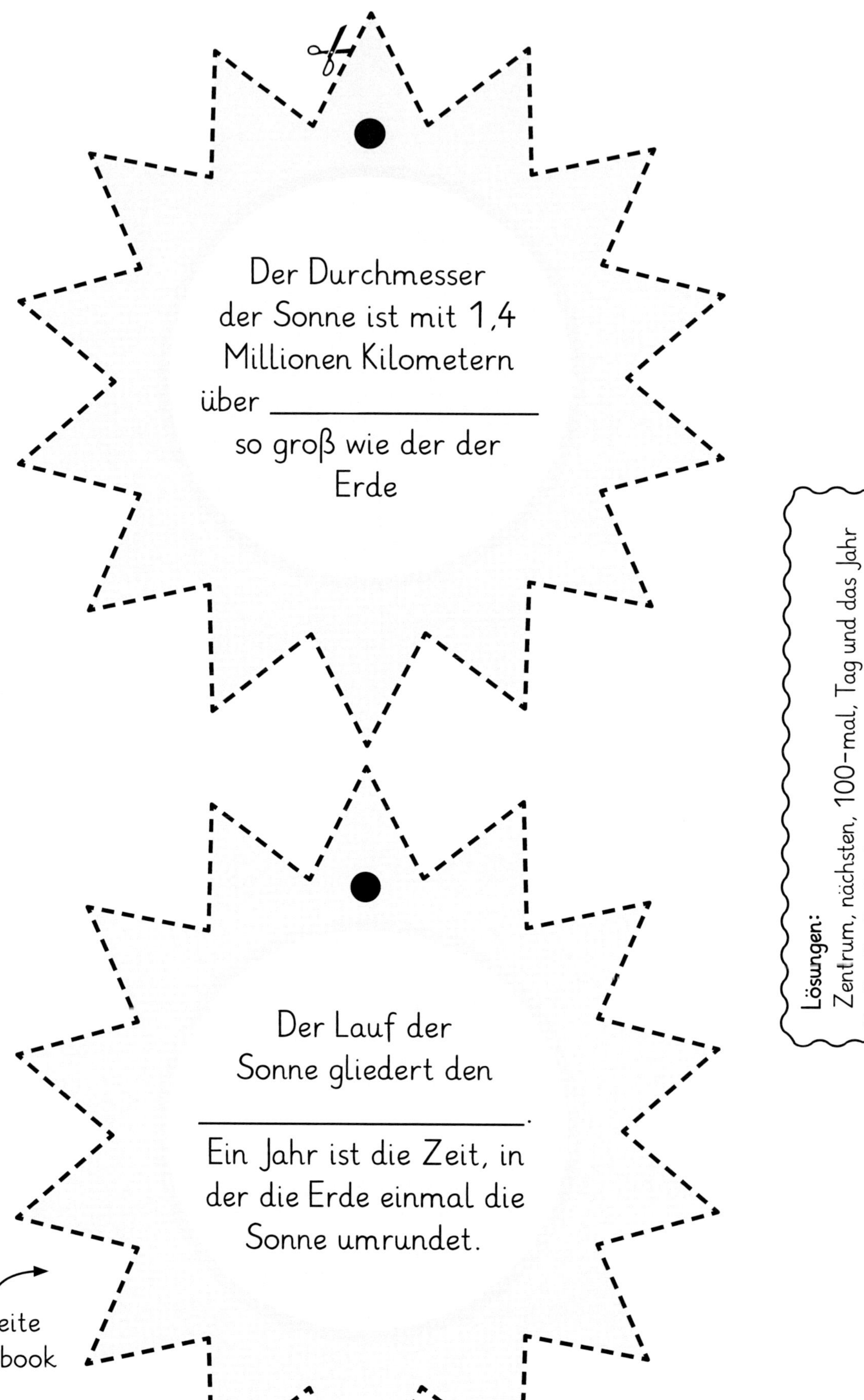

Die Rückseite an das Lapbook kleben.

Lösungen:
Zentrum, nächsten, 100-mal, Tag und das Jahr

KOHL VERLAG Lapbook Planeten & Sterne – Unser Sonnensystem kreativ erarbeiten – Bestell-Nr. 13 113

Die Jahreszeiten

Schneide die Rechtecke aus. Trage die Daten zu den Anfängen der Jahreszeiten in das Bild ein. Ergänze den Text. Zeichne auf der nächsten Seite ein, wie die Sonnenstrahlen im Sommer und im Winter auf die Erde treffen. Ergänze die Sätze mit den Wörtern aus dem Kästchen. Hefte das Büchlein an den grauen Streifen zusammen und klebe es in dein Lapbook.

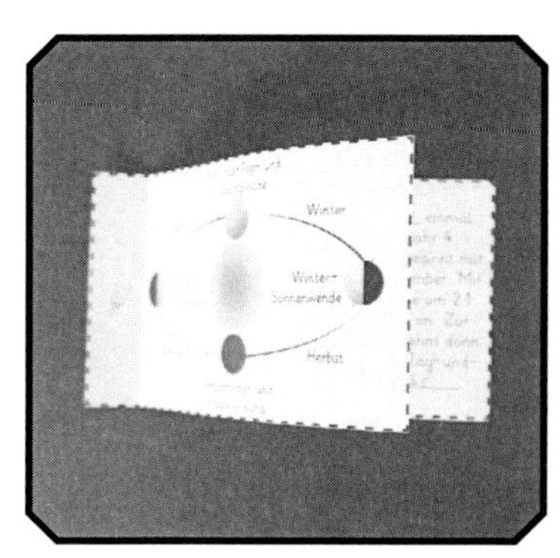

Frühlings-Tag- und -Nachtgleiche

Frühling

Winter

Sommer-Sonnenwende

Winter-Sonnenwende

Sommer

Herbst

Herbst-Tag- und -Nachtgleiche

Die Erde dreht sich in einem ________ einmal um die Sonne. Wir erleben jedes Jahr 4 ________________. Der Winter beginnt mit der Wintersonnenwende, am 21. Dezember. Mit der Frühlings-Tag- und -Nachtgleiche am 21. März fängt der ________________ an. Zur Sommersonnenwende am 21. Juni beginnt dann der ____________. Mit der Herbst-Tag-und-Nachtgleiche beginnt der ______________.

Lösungen:
Jahr, Jahreszeiten, Frühling, Sommer, Herbst

Lapbook Planeten & Sterne
Unser Sonnensystem kreativ erarbeiten – Bestell-Nr. 13 113

Die Jahreszeiten

Die Erdachse steht nicht gerade zur Sonne, sondern schräg. Deshalb ist einmal die Nordhalbkugel, auf der wir leben, zur Sonne hingeneigt. Dann ist bei uns Sommer. Das Sonnenlicht fällt ziemlich steil auf die Erde. Wenn bei uns Winter ist, ist die Nordhalbkugel von der Sonne weggeneigt. Weil die Sonnenstrahlen nun schräger auf die Erde treffen, verteilen sie sich auf einer größere Fläche. Es ist kälter.

Ergänze die Texte und zeichne die Sonnenstrahlung ein.

Im Sommer ist
die Nordhalbkugel
zur Sonne
_______________.
Die Sonnenstrahlen
treffen __________
auf die Erde. Sie
scheinen auf eine
____
Fläche. So ist es
_______________.

Im Winter ist die
Nordhalbkugel
von der Sonne
_______________.
Die Sonnenstrahlen
treffen nun
_______________ auf
die Erde. Sie verteilen
sich auf eine größere
Fläche, daher ist es
_______________.

Lösungen:
hingeneigt, steil, kleinere, wärmer
weggeneigt, schräg, kälter

Der Mond

Man nennt den Mond auch Trabant oder Satellit (deutsch: Begleiter). Meist versteht man unter Satelliten künstliche Himmelskörper (von Menschen erschaffen), die die Erde umrunden.

Schneide die Form auf Seite 23 aus und falte sie zu einer Tasche. Schneide die Monde auf der nächsten Seite und die Kärtchen unten aus. Klebe sie passend hinter das richtige Bild. Hefte sie an der Markierung zusammen und verwahre sie in der Tasche. Klebe diese in dein Lapbook.

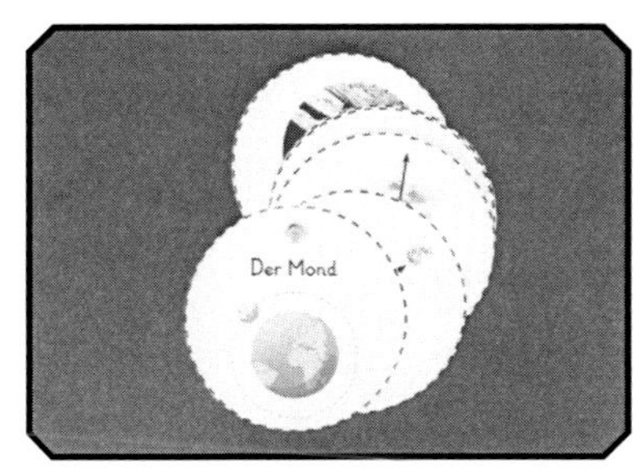

Der Mond ist 384.000 km von der Erde entfernt.

Am Tag ist es dort siedend heiß, und nachts wird es eisig kalt.

Am 20. Juli 1969 betrat Neil Armstrong als erster Mensch den Mond.

Der Mond hat einen Durchmesser von 3476 km.

Er dreht sich etwa einmal im Monat um sich selber und um die Erde.

Unsere Erde besitzt nur einen natürlichen Trabanten, den Mond.

Lapbook Planeten & Sterne
Unser Sonnensystem kreativ erarbeiten – Bestell-Nr. 13 113

Der Mond

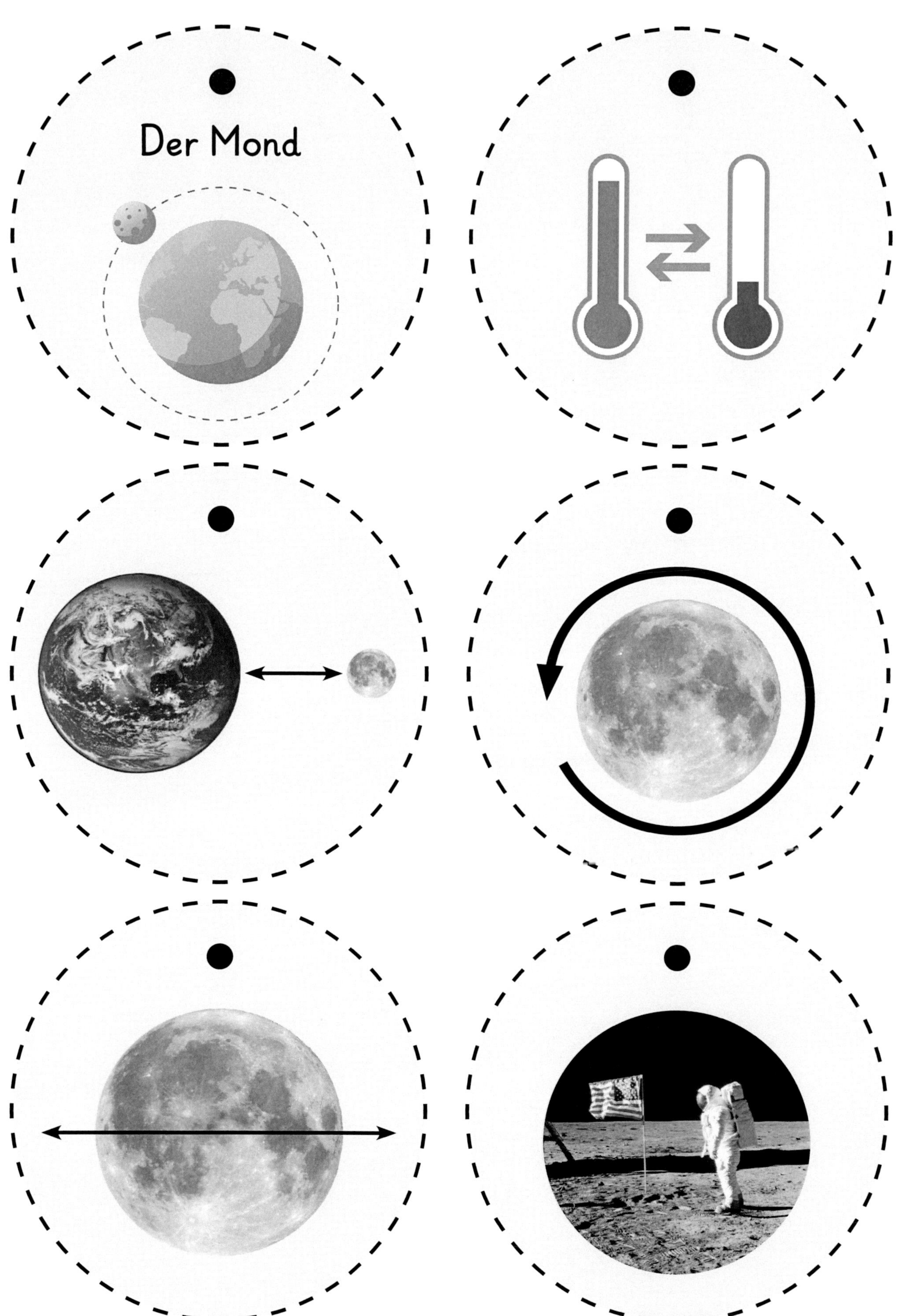

KOHL VERLAG Lapbook Planeten & Sterne
Unser Sonnensystem kreativ erarbeiten – Bestell-Nr. 13 113

Der Mond

Der Mond

Klebelasche

Hier an das
Lapbook
ankleben.

Klebelasche

Neumond und Vollmond

Der Mond umkreist einmal im Monat die Erde, diese wiederum umkreist die Sonne. So wird der Mond vom Sonnenlicht immer wieder unterschiedlich beschienen.

Bei Vollmond scheint die Sonne direkt auf den Mond, der dann vollkommen rund aussieht.

Wandert der Mond weiter um die Erde, wird er nur noch von der Seite beschienen und sieht – je nach Position zur Sonne – wie eine breite oder eine schmale Sichel aus.

Wenn gar kein Sonnenlicht mehr auf die uns zugewandte Seite fällt, ist er von der Erde aus nicht zu sehen (Neumond).

Der Mond nimmt gar nicht ab und zu. Er behält immer die gleiche Größe. Sein Aussehen verändert sich nur durch die unterschiedliche Sonneneinstrahlung.

Schneide die Blüte auf der nächsten Seite aus. Schreibe die Mondphasen auf die Rückseite der Bilder. Schau dazu auf das Bild unten. Falte die Bilder nach hinten und klebe die Form in dein Lapbook.

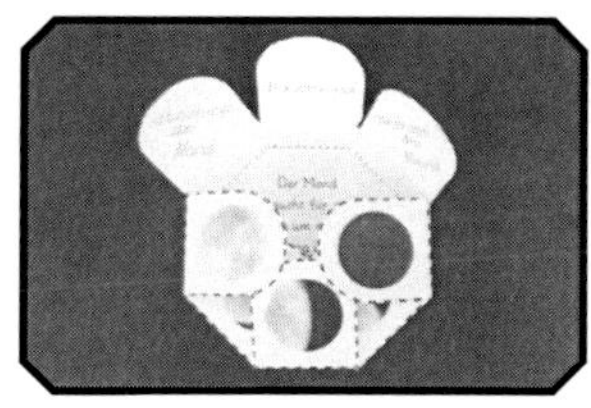

Eine kleine Hilfe: (= Klammer auf, abnehmender Mond,
) = Klammer zu, zunehmender Mond

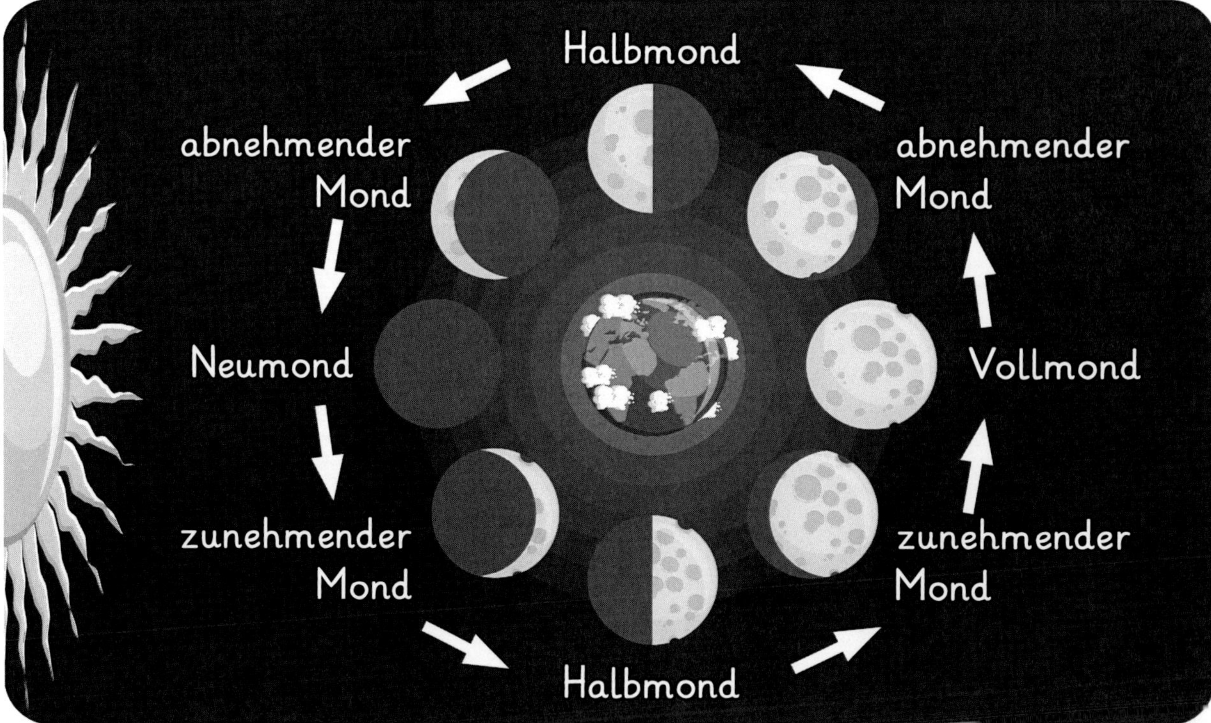

KOHL VERLAG Lapbook Planeten & Sterne
Unser Sonnensystem kreativ erarbeiten – Bestell-Nr. 13 113

Neumond und Vollmond

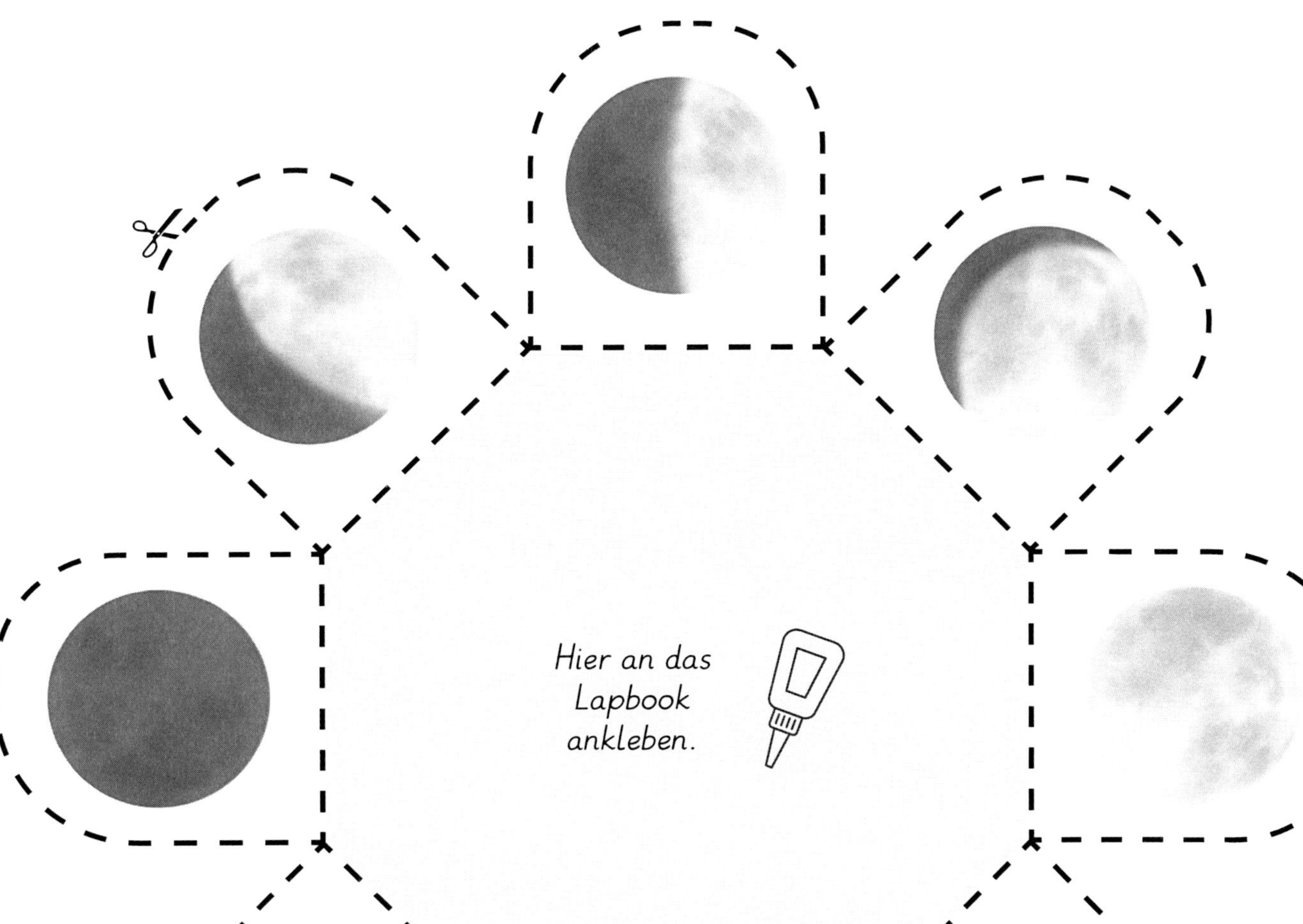

Hier an das Lapbook ankleben.

Teil eines Mondkalenders

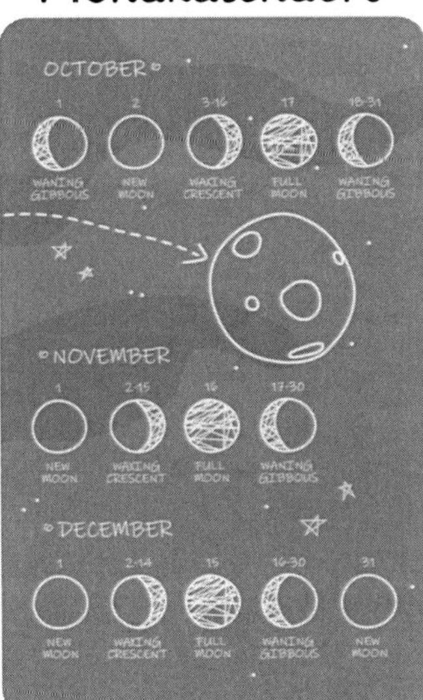

Lösung:
einsetzen entgegen dem Uhrzeigersinn, beginnend bei Neumond:
Neumond, zunehmender Mond, Halbmond, zunehmender Mond, Vollmond, abnehmender Mond, Halbmond, abnehmender Mond, Neumond

Diesen Text klebst du in die Mitte der Blüte.

Der Mond braucht für eine Drehung um sich selbst genauso lang wie für eine Umdrehung der Erde, nämlich 27 Tage und 7 Stunden.

Lapbook Planeten & Sterne
Unser Sonnensystem kreativ erarbeiten – Bestell-Nr. 13 113
KOHL VERLAG

Ebbe und Flut

Schneide die Form und die beiden Wörter „Ebbe" und „Flut" aus. Ergänze den Text und schneide auch ihn aus. Knicke die Seiten der Form nach hinten und klebe die Wörter richtig auf. Klebe die Form an dein Lapbook. In die Mitte klebst du den Text.

Ebbe

Flut

Bei Flut steigt der Wasserspiegel. Bei Ebbe zieht sich das Wasser zurück, der ____________________ des Meeres sinkt. Ebbe und Flut wechseln sich etwa alle 6 Stunden ab. Dieses ____________ und Fallen des Wassers nennt man „Gezeiten". Was hat der Mond damit zu tun? Der Mond ist ziemlich _________ und hat daher nur eine schwache Anziehungskraft. Die reicht aber aus, um das ___________ der Meere anzuziehen.

Lösung:
Wasserspiegel, Steigen, klein, Wasser

hier nach hinten knicken

hier nach hinten knicken

Hier an das Lapbook ankleben.

KOHL VERLAG
Lapbook Planeten & Sterne
Unser Sonnensystem kreativ erarbeiten – Bestell-Nr. 13 113

Die Planeten

In unserem Sonnensystem gibt es 8 Planeten. Der Merksatz für ihre Reihenfolge (von der Sonne aus gesehen) heißt:

"**M**ein **V**ater **er**klärt **m**ir **j**eden **S**amstag **u**nseren **N**achthimmel." –

– **M**erkur – **V**enus – **Er**de – **M**ars – **J**upiter – **S**aturn – **U**ranus – **N**eptun.

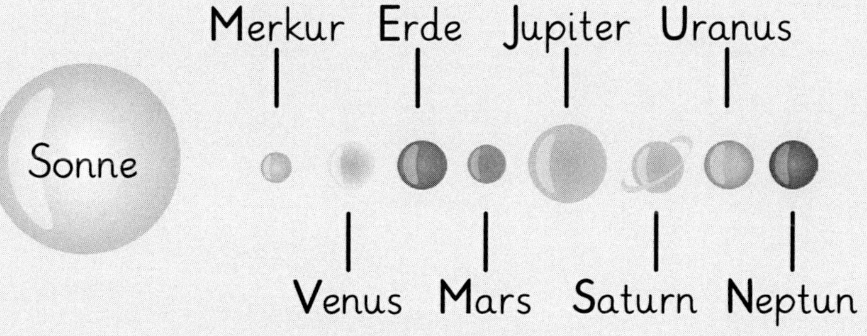

Schneide die Planeten rund aus. Das Mäppchen auf der nächsten Seite mit den vier Klappen schneidest du auch aus. Klebe die Planeten zu ihrem richtigen Namen. Die Tabelle auf der übernächsten Seite fügst du in der Mitte des Mäppchens ein.

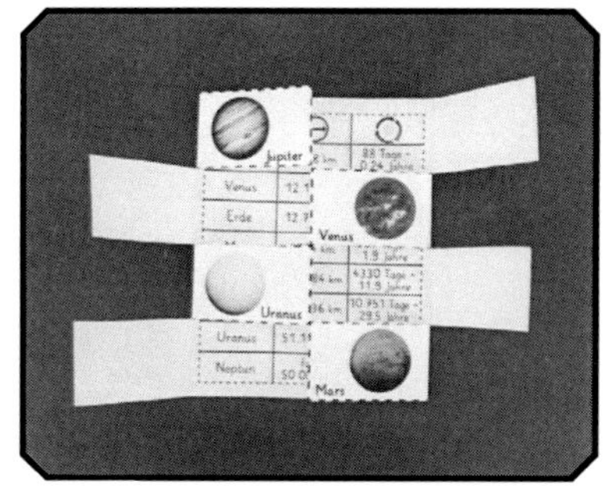

Die Planeten

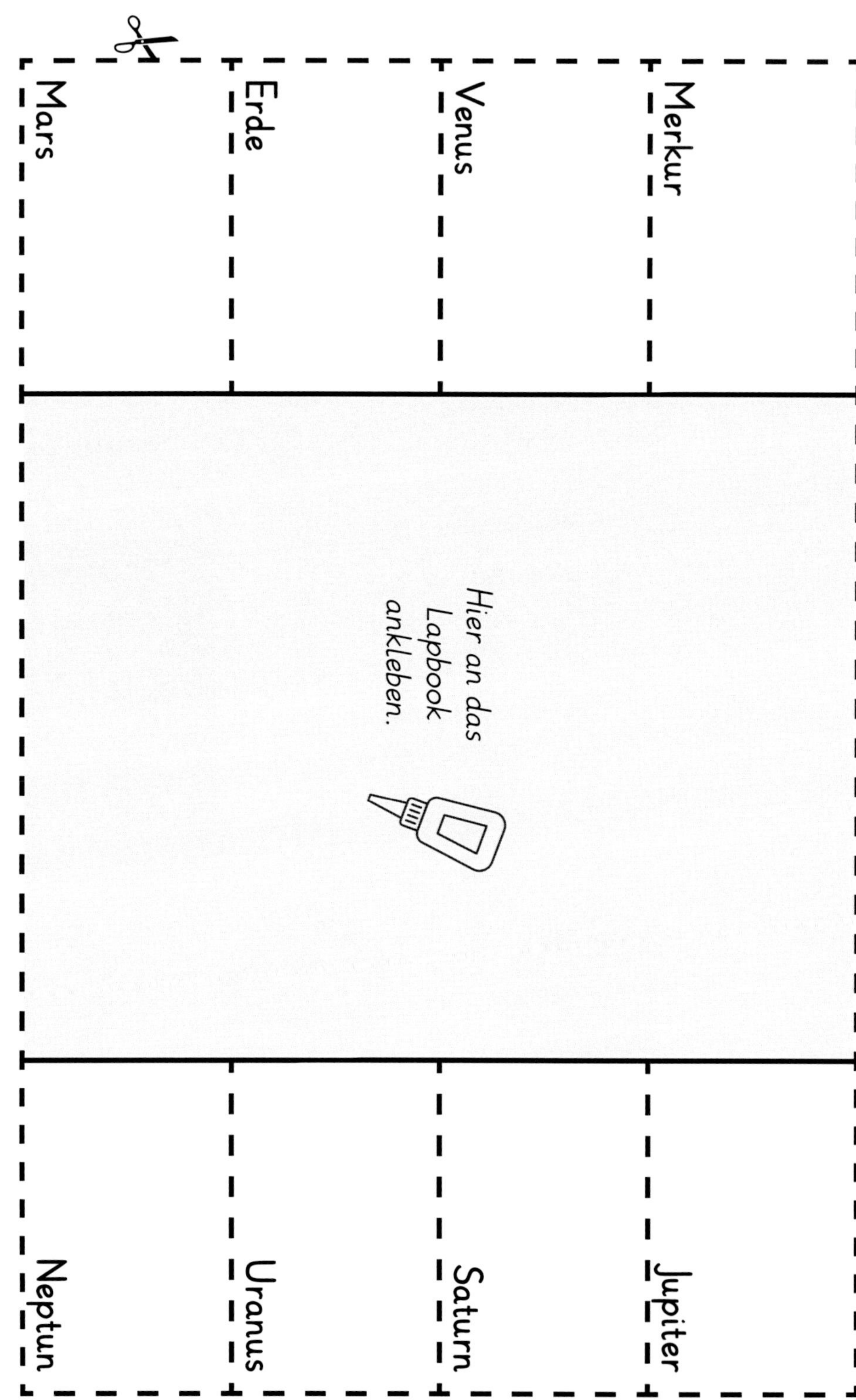

Die Planeten

das ist der Durchmesser

das ist die Umlaufzeit um die Sonne

Planet		
Merkur	4878 km	88 Tage ~ 0,24 Jahre
Venus	12.104 km	225 Tage ~ 0,62 Jahre
Erde	12.756 km	365 Tage ~ 1 Jahr
Mars	6794 km	687 Tage ~ 1,9 Jahre
Jupiter	142.984 km	4330 Tage ~ 11,9 Jahre
Saturn	120.536 km	10.751 Tage ~ 29,5 Jahre
Uranus	51.118 km	30.660 Tage ~ 84 Jahre
Neptun	fast 50.000 km	60.000 Tage ~ 165 Jahre

Lösung:

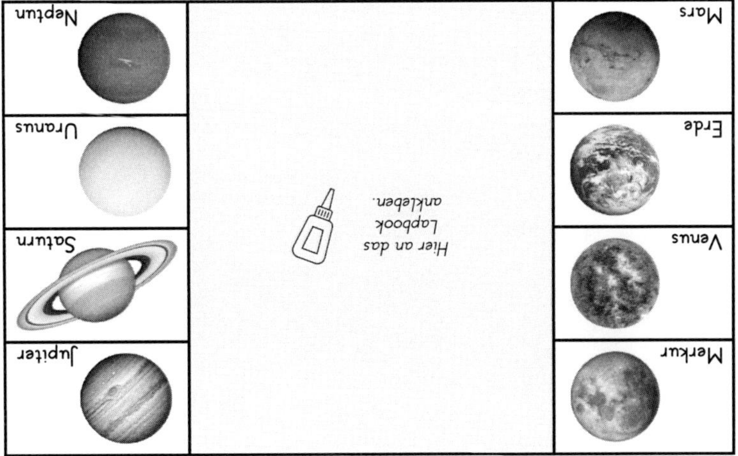

Innere und äußere Planeten

Wir unterscheiden die inneren Planeten und die äußeren Planeten. Die inneren Planeten sind die **Gesteinsplaneten** (Merkur, Venus, Erde und Mars. Die äußeren Planeten sind **Gasplaneten** (Jupiter, Saturn, Uranus und Neptun).

Schneide das Mäppchen auf der nächsten Seite aus. Knicke es an den durchgezogenen Linien nach innen. Schneide die Kärtchen aus. Klebe die Gesteinsplaneten und die Gasplaneten richtig auf. Den Text klebst du innen in das Mäppchen.

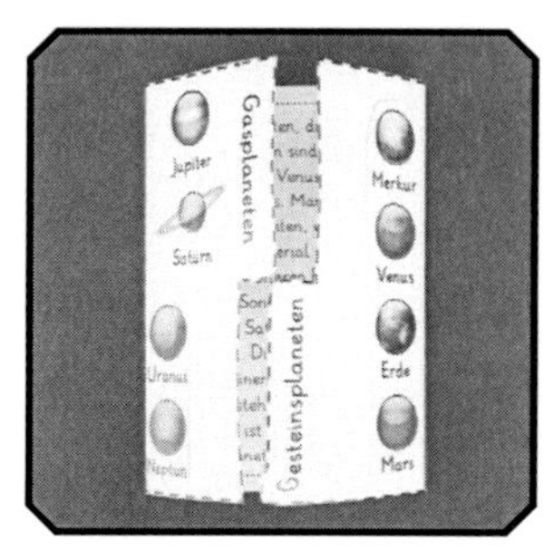

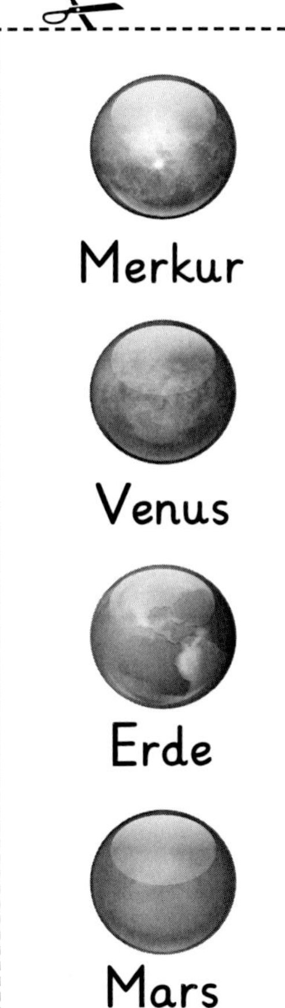

Die vier Planeten, die der Sonne am nächsten sind, sind der Merkur, die Venus, die Erde und der Mars. Man nennt sie **Gesteinsplaneten**, weil sie aus festem Material bestehen. Die vier weiteren Planeten in unserem Sonnensystem heißen Jupiter, Saturn, Uranus und Neptun. Diese **Gasplaneten** haben einen festen Kern, der Rest besteht aus Gasen. Der Jupiter ist mit Abstand der größte Planet im Sonnensystem.

Innere und äußere Planeten

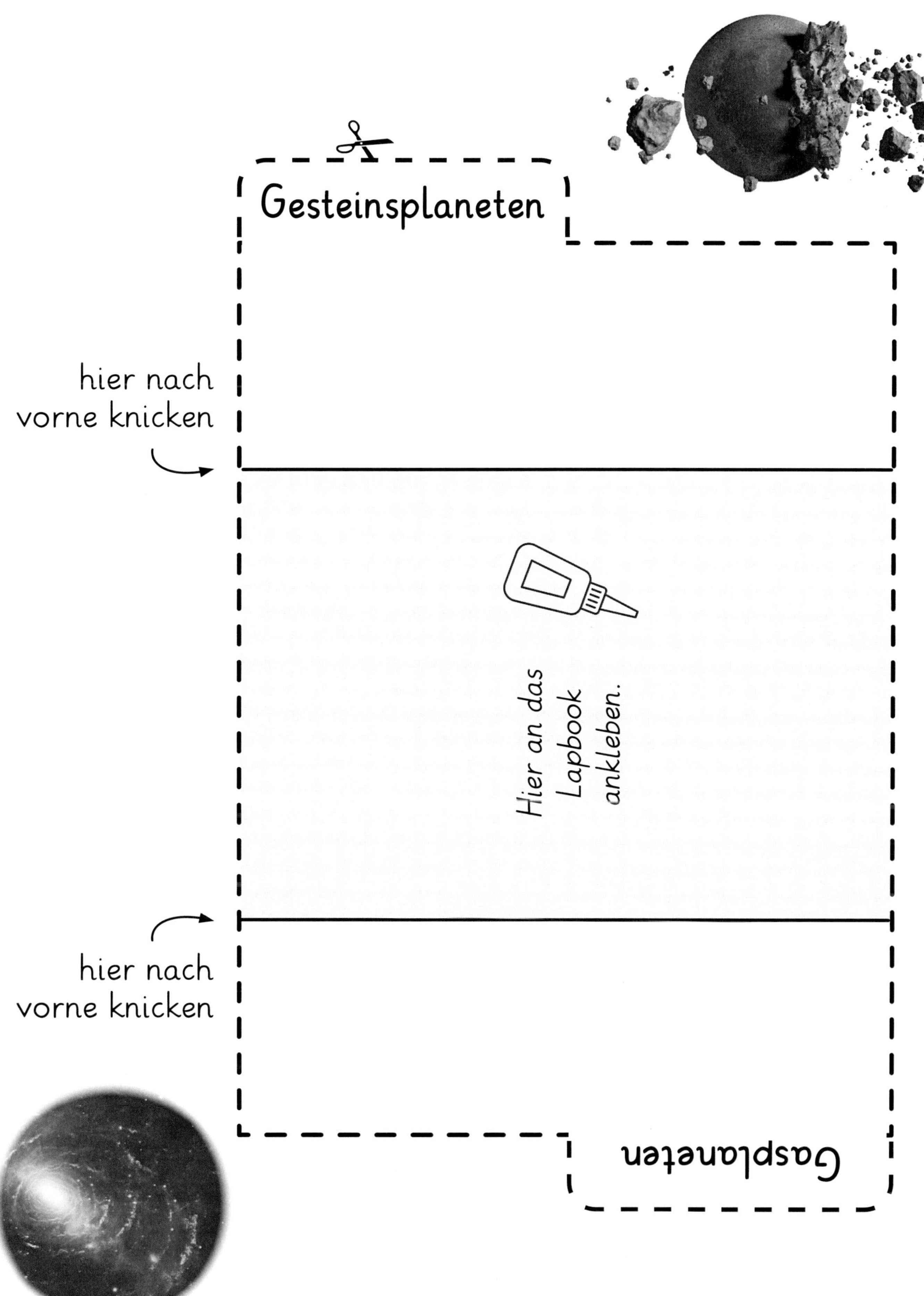

Lapbook Planeten & Sterne
Unser Sonnensystem kreativ erarbeiten – Bestell-Nr. 13 113
KOHL VERLAG

Vorlage zur freien Gestaltung

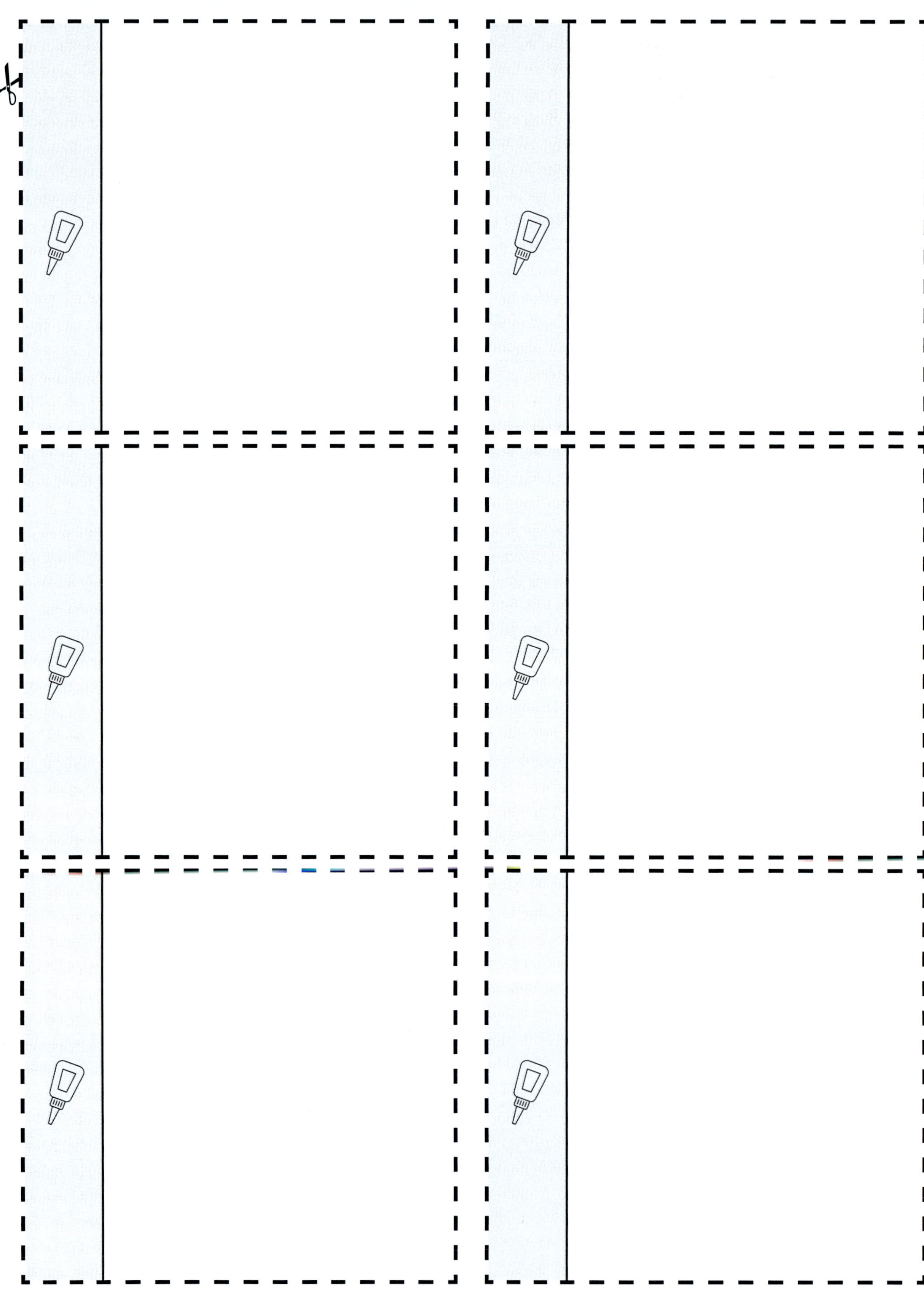

KOHL VERLAG Lernen mit Erfolg
Lapbook Planeten & Sterne
Unser Sonnensystem kreativ erarbeiten – Bestell-Nr. 13 113